12 Mars 1909

marqué
P99N

OBJETS D'ART

ET

DE CURIOSITÉ

FAIENCES FRANÇAISES

PORCELAINES — MINIATURES

EXEMPLAIRE DE H. STETTINER

CATALOGUE

DES

OBJETS D'ART

ET

DE CURIOSITÉ

FAIENCES FRANÇAISES

Porcelaines de Chine et de Tournai

OBJETS DE VITRINE — MINIATURES

DONT LA VENTE AURA LIEU, A PARIS

HOTEL DROUOT, SALLE N° 11

Le Vendredi 12 Mars 1909, à 2 heures

<table>
<tr><td>COMMISSAIRE-PRISEUR
Mᵉ Henri BAUDOIN
Successeur de M. Paul CHEVALLIER
10, rue Grange-Batelière</td><td>EXPERTS
MM. MANNHEIM
7, rue Saint-Georges, 7
PARIS</td></tr>
</table>

EXPOSITION PUBLIQUE

Le Jeudi 11 Mars 1909, de 1 h. 1/2 à 5 h. 1/2

CONDITIONS DE LA VENTE

Elle sera faite au comptant.

Les adjudicataires paieront *dix pour cent* en sus des enchères.

Paris.— Imp. de l'Art, Ch. Berger, 41, rue de la Victoire.

DÉSIGNATION

FAÏENCES

1 — Petit écran de table, à figures en relief, en terre vernissée chinoise.

2 — Couvercle en terre vernissée vert, décor à reliefs. Travail japonais (?)

3 — Deux plats longs variés en ancienne faïence française, décor bleu à vases et guirlandes.

4 — Petit compotier : fleurs et quadrillés. Ancienne faïence de Rouen.

5 — Coupe en ancienne faïence d'Urbino, à sujet tiré de l'histoire de Scipion l'Africain. Au revers, légende et date : *1548.*

6 — Quatre cornets de pharmacie, décorés en bleu. Ancienne faïence de Faenza.

7 — Deux assiettes, décor de fleurs, en ancienne faïence de Lorraine.

8 — Statuette allégorique de la Source, en ancienne terre de Lorraine.

9 — Plat rond, décoré en bleu et manganèse ; paysage animé, avec fleurs et oiseaux au marli. Ancienne faïence de Nevers.

10 — Trois assiettes : oiseaux, personnages et fleurs en bleu. Ancienne faïence du Midi.

11 — Deux assiettes : armoiries et guirlandes en couleur. Ancienne faïence de Moustiers.

12 — Sept assiettes variées en ancienne faïence de Moustiers, décor bleu : armoiries.

13 — Grand plat ovale en ancienne faïence de Moustiers, décor bleu : figures et rinceaux, d'après *Bérain*.

14 — Autre à bords contournés, décor bleu : rinceaux, d'après *Bérain*. Même faïence.

15 — Autre à bords contournés, décor bleu : figures et draperies, d'après *Bérain*. Même faïence.

16 — Plat creux oblong : grotesques, en manganèse. Même faïence.

17 — Deux petits plats lobés, décor bleu, d'après *Bérain*. Ancienne faïence de Moustiers.

18 — Deux assiettes : grotesques en vert et orangé. Même faïence.

19 — Autre : grotesques et animaux en vert-clair et orangé. Même faïence.

20 — Autre, décor orangé rehaussé de couleur : personnages chinois. Même faïence.

21 — Trois autres : personnages et feuillages en vert. Même faïence.

22 — Deux assiettes en ancienne faïence de Rouen, décor polychrome : branches fleuries ; zones quadrillées au marli.

23 — Trois assiettes en ancienne faïence de Rouen, décor polychrome au carquois.

24 — Deux assiettes, même faïence, décor au sainfoin.

25 — Autre, même faïence, décor à la pagode.

166 26 — Deux autres variées : corbeilles de fleurs, marlis quadrillés. Même faïence.

27 — Autre : branches fleuries, marli quadrillé à réserves. Même faïence.

145 28 — Six assiettes en ancienne faïence de Rouen, décor bleu ; corbeille de fleurs au centre, lambrequins à quadrillés au marli.

235 29 — Sept assiettes en ancienne faïence dè Rouen, décor polychrome à la corne.

305 30 — Plat oblong à angles coupés en ancienne faïence de Rouen : corbeille de fleurs, guirlandes et lambrequins.

31 — Deux assiettes en ancienne faïence de Rouen : double écusson d'alliance en bleu.

200 32 — Assiette, même faïence, décor bleu ; armoiries au centre, lambrequins au marli.

33 — Grand plat rond en ancienne faïence de Rouen, décor bleu, couronnes, fleurettes et draperies.

176 34 — Plat en ancienne faïence de Rouen, orné de Chinois, de pagodes et d'arbustes.

35 — Plat rond en ancienne faïence de Rouen, décor polychrome rehaussé de jaune d'ocre : personnages chinois, arbustes, plantes et fleurs.

36 — Grand vase cylindrique avec couvercle en ancienne faïence de Delft, décor bleu, de style chinois.

37 — Deux cache-pot, décorés de fleurs sur fond jaune, en ancienne faïence de Delft.

38 — Plat rond, décor bleu : feuilles et fleurs. Ancienne faïence de Delft.

39 — Autre, orné d'un vase de fleurs, en bleu. Même faïence. Anse mobile en métal argenté.

40 — Autre plus petit : vase de fleurs en bleu. Même faïence.

41 — Autre, décor polychrome au tonnerre. Même faïence.

42 — Deux petits plats : vases de fleurs et draperies en bleu. Même faïence.

43 — Deux assiettes, décor polychrome au tonnerre. Même faïence.

44 — Deux autres, décor rayonnant polychrome. Même faïence.

PORCELAINES

45 — Vase à deux petites anses en céladon gris
Japon.

46 — Coupe émaillée gris bleuté en porcelaine
du Japon.

47 — Coupe en ancien céladon gris craquelé du
Japon.

48 — Deux coupes émaillées gris-bleuté. Porcelaine du Japon. Socles en bois, de travail
chinois.

49 — Statuette de personnage debout, vêtu d'un
vêtement bleu. Ancienne porcelaine de
Chine émaillée sur biscuit.

50 — Carreau, présentant une figure de Kouan-in
en ancienne porcelaine de Chine émaillée sur
biscuit en bleu-turquoise et gros bleu.

51 — Compotier, décor de fleurs. Ancienne porcelaine du Japon.

52 — Douze assiettes en ancienne porcelaine de
Chine ; fleurs et ustensiles au fond, marli à
réserves contournées.

53 — Quatorze assiettetes en ancienne porcelaine de Chine : ustensiles et fleurs en bleu,
avec lambrequins au marli.

54 — Cinq assiettes en ancienne porcelaine de
Chine : fleurs en bleu, chute polychrome.

55 — Six assiettes en ancienne porcelaine de
Chine, décor de fleurs, marlis vermiculés à
quatre réserves et attributs.

56 — Sept assiettes en ancienne porcelaine de
Chine, époque Kien-lung : fleurs; lambrequins au marli.

57 — Quatre compotiers en ancienne porcelaine
de Chine, époque Kien-lung, décor d'oiseaux
et branchages. Revers émaillé capucin.

58 — Trois autres, même porcelaine : branches
fleuries.

59 — Deux autres en ancienne porcelaine de
Chine, ornés de cinq médaillons.

60-61 — Treize assiettes variées en ancienne
porcelaine de Chine.

62 — Bouteille à triple goulot en ancien céladon
bleu-turquoise de la Chine.

63 — Potiche, décorée de fleurs, en ancienne
porcelaine de Chine, montée en lampe.

64 — Deux plats creux en ancienne porcelaine
de Chine, époque Kang-shi, à décor de sept
réserves, contenant des paysages et se déta-
chant sur fond jaune.

65 — Potiche avec couvercle en porcelaine, à
décor de style chinois : grands lambrequins
et fleurs.

66 — Sept tasses et six soucoupes variées. Ancienne porcelaine de Chine.

67 — Deux potiches avec couvercle en ancienne
porcelaine de Chine, décor bleu : animaux
chimériques et branches fleuries.

68 — Deux petites potiches avec couvercles e
trois cornets, décors variés d'oiseaux, ro-
chers et fleurs. Ancienne porcelaine de
Chine. Époque Kien-lung.

69 — Deux cornets en ancienne porcelaine de
Chine, décor doré sur fond bleu.

70 — Pot de toilette avec couvercle, décor bleu.
Ancienne porcelaine tendre française.

71 — Pot de toilette avec couvercle en ancienne
porcelaine tendre de Sèvres : fleurs et rubans
verts.

72 — Deux pots de toilette avec couvercles en
ancienne porcelaine tendre de Sèvres, décor
de fleurs.

73 — Dromadaire debout en ancienne porcelaine de Saxe, couvert d'un caparaçon à pana-
ches et glands.

74 — Charrue en porcelaine blanche de Saxe-
Marcolini.

75 — Bol en biscuit de Wedgwood, bordure à
décor blanc, fond marron.

76 — Trois tasses avec soucoupes, décorées de
fleurs, en ancienne porcelaine tendre de
Tournay.

77 — Salière, décor bleu. Ancienne porcelaine
tendre française.

78 — Deux groupes en ancienne porcelaine tendre blanche de Tournay : sujets galants, disposés chacun au pied d'un arbre.

79 — Groupe en ancienne porcelaine tendre blanche de Tournay : enfants jouant avec une chèvre.

80 — Deux vases-pots-pourris avec couvercles en ancienne porcelaine tendre blanche de Tournay, placés sur une terrasse ornée d'une chèvre couchée.

81 — Vase ajouré en ancienne porcelaine tendre blanche de Tournay, placé sur une terrasse sur laquelle est assis un personnage.

82 — Dix tasses avec soucoupes, décor de fleurs. Ancienne porcelaine tendre de Sèvres.

83 — Sucrier avec couvercle et sur plateau fixe : fleurs et filets. Ancienne porcelaine tendre de Sèvres.

84 — Petit buste d'homme en ancien biscuit. Socle en bronze.

OBJETS DE VITRINE, MINIATURES

122 85 — Deux moutardiers en argent ajouré à guirlandes, du temps de Louis XVI.

250 86 — Moutardier en argent ajouré à guirlandes et médaillons.

87 — Deux salières ovales à guirlandes en argent. Époque Louis XVI.

88 — Deux autres à mascarons en argent. Même époque.

89 — Miniature ronde : Jeune femme en buste, un voile sur les épaules. Époque Louis XV.

120 90 — Miniature ovale, présentant une tête de femme. XVIIIe siècle. Cadre en or et argent.

91 — Miniature ovale : Portrait de femme en buste, vêtue d'un corsage. Signée : *Carrette, 1782*. Époque Louis XVI.

140 92 — Miniature ronde : Portrait de femme assise, vue en buste. Époque Louis XV. Cadre en bronze.

93 — Dessin rond : Jeune femme à mi-corps. Époque Louis XV.

94 — Miniature ovale en grisaille, simulant l'ivoire : Dieux marins, dans la manière de *De Gault.*

500 95-96 — Quatre aquarelles : Ruines romaines, par *Nicolle.*

5 20 97 — Miniature : la Balançoire, portant le nom de *Van Blarenberghe.* Cadre en or et argent.

2 30 98 — Dessin rehaussé de couleurs, par *Kling-stoedt :* David et Bethsabée.

205 99 — Boîte en poudre d'écaille; sur le couvercle, miniature : Portrait de femme costumée en paysanne. Époque Louis XVI.

145 100 — Deux gouaches : Vue de port de mer et paysage animé.

325 101 — Peinture sur émail : Portrait de femme en buste ; cadre en argent enrichi de strass. Époque Louis XVI.

102 — Médaillon rond émaillé sur cuivre : scène galante. Époque Louis XV. Cadre en bronze.

357 103 — Miniature ovale : Portrait de femme en buste, vêtue d'un corsage décolleté avec draperie bleue. XVIIe siècle. Cadre en bronze fleurdelysé et au chiffre royal.

104 — Miniature ronde : Portrait] de femme à mi-corps, vêtue de blanc avec écharpe, et tenant une lettre. Elle porte le nom de *Hall*.

105 — Miniature ovale : Portrait de femme en buste, portant un large col en dentelle. Cadre en argent.

106 — Médaillon ovale : Portrait de femme en corsage à fleurs, bordé de dentelle. Cadre en argent enrichi de pierreries.

107 — Miniature ronde : Portrait de femme en buste, vêtue d'un corsage violet décolleté ; fond de paysage. A gauche, le nom de *Prud'hon*.

108 — Boîte plate ovale en ivoire, ornée d'une miniature : Portrait de femme en buste, les cheveux bouclés.

109 — Étui cylindrique émaillé sur cuivre et monté argent ; décor d'oiseaux et branchages sur fond blanc. Époque Louis XV.

110 — Montre octogone en argent doré et cristal; cadran gravé. Mouvement signé : *Denis Bordier*. xviie siècle.

111 — Éventail à monture d'ivoire sculpté, feuille de soie avec paillettes à décor de peintures relatives à l'amour. xviiie siècle.

112 — Éventail à monture de nacre ajourée et peinte, feuille de dentelle avec médaillons peints à sujets d'amours.

OBJETS VARIÉS

113 — Encadrement en bois sculpté et peint gris : fleurs et rocailles Époque Louis XV.

114 — Statuette-applique de saint Jean debout en bois sculpté. xvie siècle.

115 — Deux poignées en forme de chiens. Bronze doré. Époque Louis XVI.

116 — Deux chenets en bronze doré, modèle à vases et guirlandes. Époque Louis XVI.

117 — Deux chenets en bronze : combats d'animaux, avec bases à mascarons. Époque Régence.

www.ingramcontent.com/pod-product-compliance
Lightning Source LLC
LaVergne TN
LVHW021919180726
843502LV00008B/3157